Einsterns Schwester

3

Themenheft 4

Lesen – mit Texten und weiteren Medien umgehen

Herausgegeben von
Roland Bauer, Jutta Maurach

Erarbeitet von
Wiebke Gerstenmaier, Sonja Grimm

In Zusammenarbeit mit
der Redaktion Grundschule Deutsch 2–4

Cornelsen

Inhaltsverzeichnis

So kannst du mit den Heften arbeiten

Du machst alle
Seiten der Lernportion 1.

Zuerst im
grünen Heft.

Dann im
roten Heft.

Dann im
gelben Heft.

Und dann im
blauen Heft.

Danach machst du in
allen Heften die Lernportion 2.

Nun machst du in
allen Heften die Lernportion 3.

Genauso bearbeitest du
alle anderen Lernportionen.

In diesem Heft
kannst du den
Grundwortschatz
vertiefend üben.

1 Übt, die folgenden Namen abwechselnd fehlerfrei zu lesen.

Kapitänin Kirsten Krabbenfisch
Steuermann Stefan Starkströmung
Koch Kasimir Kaspar Karottengrün
Matrosin Miriam Mirabella Mastkorb
Schiffsjunge Severin Sansibar Sauberdeck

2 Lies die Wörter und Sätze mehrmals leise für dich.
Lies sie anschließend einem Partnerkind vor.

Enten
Quietscheenten
Quietscheentenwettrennen
Badewannenquietscheentenwettrennen

Ostsee
Ostseestrand
Ostseestrandkorb
Ostseestrandkorbverleih

Tim liest.
Tim liest ein Buch.
Tim liest ein Buch über Delfine.
Tim liest ein Buch über Delfine und Wale.

Lisa spielt.
Lisa spielt mit Tim.
Lisa spielt mit Tim Fußball.
Lisa spielt mit Tim Fußball am Strand.

3

① Findet in jeder Reihe das Stolperwort und streicht es durch.

blinken blinken blinken blinken ~~hinken~~ blinken blinken blinken blinken
blinken Blinker blinken blinken blinken blinken blinken blinken blinken
blinken blinken blinken blinken blinken blinken blinken blicken blinken
blinken blinken blinken winken blinken blinken blinken blinken blinken

② Lest euch abwechselnd Zeile für Zeile vor.
Beginnt wieder am Anfang der Zeile, wenn ihr einen Fehler macht.

lange Stange Kasten bange Rand Kante fast Bast Art Zange wandern
Lenker Ring bringen wild winken Henkel singen trinken wickeln
küssen wissen Schüssel Bus Gruß Liste trüb Füße müssen grün
Arbeit albern Angst Ansage arm Ärmel am Amsel angeln alt Anker
hexen Wecker lecken Bretter kleckern Kekse petzen jetzt fett Werk
heißen heizen Reiz Riese beißen Weizen Geier kreischen kriechen

③ Übt, das Gedicht mit den vertauschten Vokalen fehlerfrei zu lesen.
Lest zuerst leise, dann laut.

O unberachenbere Schreibmischane

O unberachenbere Schreibmischane,
was bist du für ein winderluches Tier?
Du tauschst die Bachstuben günz nach Vergnagen
und schröbst so scheinen Unsinn aufs Papier!
Du tappst die falschen Tisten, luber Bieb!
O sige mar, was kann da ich dafür?

Josef Guggenmos

Werde bei Fehlern nicht nervös. Lies nicht schneller, sondern langsamer.

④ Schreibt selbst Sätze mit vertauschten Vokalen auf ein Blatt Papier.
Übt, die Sätze fehlerfrei zu lesen.

Lernportion 1: Lesen trainieren

Plenum: Gedicht vortragen und und sich gegenseitig wertschätzende Rückmeldungen zum Vortrag geben
MK-Tipp: Sätze mit vertauschten Vokalen am Computer schreiben

AH 11

① Tippt mit dem Finger auf die Buchstaben in der Reihenfolge des Alphabets. Übt mehrmals.

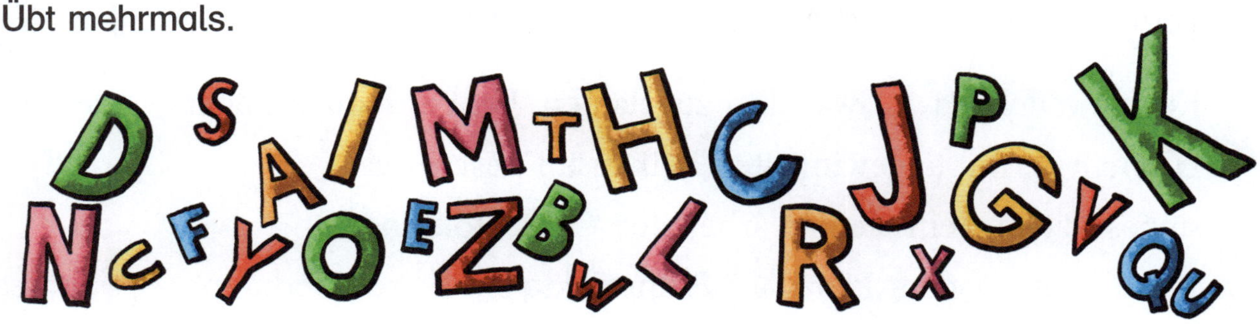

② Lest euch die Wörter halblaut so schnell wie möglich von oben nach unten vor. Beginnt von vorne, wenn ihr einen Fehler macht. Zählt eure Versuche.

ob
ab
als
aus
jetzt
trotz
raus
darum
warum
weshalb
Albtraum
Lattenzaun
Bergsteiger
Ringelnatter
Gartenzwerg
Tuschpinsel
Badeschaum
Kinderzimmer
Bushaltestelle

Segelboot
Parkbank
Arbeitsheft
Pferdestall
Winterreifen
Luftmatratze
Grundschule
Bücherregal
Lenkdrachen
Führerschein
Englischlehrer
Taschenrechner
Schokoladeneis
Getränkeautomat
Diesellokomotive
Fahrradreparatur
Windschutzscheibe
Freizeitbeschäftigung
Gebrauchsanweisung

① Setze beim Lesen immer das Wort ein, das neben der Zeile steht. Versuche, dabei flüssig zu lesen. Übe mehrmals.

Kein Zweifel. Das ▢ war ihm zugelaufen. Und es hatte Hunger.	Pferd
Herman ▢ mit angewinkelten Beinen im Lesesessel	saß
seines Vaters. Sein Gehirn arbeitete ▢ Hochtouren.	auf
Was konnte er dem Pferd ▢? Frühstückte ein Pferd überhaupt?	anbieten
Und was ▢ ihm? HAFER! Die Frühstücksflocken,	schmeckte
fand ▢, waren mit das Schlimmste in seiner Familie.	Herman
Es gab immer nur die eine Sorte und es gab sie in ▢ Mengen.	rauen
Sie schmeckten staubig, ▢, spelzig, mampfig, dumpf und	mehlig
▢ nicht süß. Das würde dem Pferd gefallen. ◈	überhaupt

Hilke Rosenboom

② Übt, den Text gemeinsam im gleichen Tempo zu lesen.

🥚erbr🥚

🥚nes Morgens machten sich die b🥚den Osterhasen H🥚ner und H🥚nz auf, um b🥚 den Hühnern von Bauer M🥚er dr🥚unddr🥚ßig bestellte 🥚er für die Osterf🥚er abzuholen. Auf dem H🥚mweg aber stolperten die zw🥚 über 🥚nen St🥚n. „Das ist doch 🥚nerl🥚“, m🥚nte H🥚ner, „dann gibt es dieses Jahr 🥚nfach Rühr🥚.“

③ Übt, den Witz flüssig zu lesen.

Der Bauer hat seinen Rasenmäher
auf der Weide vergessen.
Das kleine Lamm geht hin und sagt:
„Mähhhh!“
Der Rasenmäher antwortet:
„Du hast mir gar nichts zu sagen!“

① Ordne jedem Satz
das passende Bild zu.
Die Buchstaben ergeben
ein Lösungswort.

1	2	3	4	5	6	7	8
M	___	___	___	___	___	___	___

1 Ein dicker rot-weißer Leuchtturm steht auf einer kleinen Sandinsel.

2 Ein dicker rot-gelber Leuchtturm steht auf einer großen Sandinsel.

3 Ein dicker rot-gelber Leuchtturm steht auf einer kleinen Felseninsel.

4 Ein dünner rot-gelber Leuchtturm steht auf einer großen Sandinsel.

5 Ein dünner rot-weißer Leuchtturm steht auf einer kleinen Felseninsel.

6 Ein dicker rot-weißer Leuchtturm steht auf einer großen Felseninsel.

7 Ein dünner rot-weißer Leuchtturm steht auf einer großen Sandinsel.

8 Ein dicker rot-gelber Leuchtturm steht auf einer großen Felseninsel.

① Finde in jedem Absatz zwei Stolperwörter und streiche sie durch.

Auf der Wiese

Auf der Wiese leben viele kleine Tiere. Besonders runde im Frühling und im Sommer summt und brummt, kriecht und krabbelt, fliegt und flattert weben es überall.

Scheint die Sonne, schwirren die Bienen Netze durch die Luft und saugen Nektar. An ihren Beinchen bleibt der Blütenstaub hängen. Dann klebrigen fliegen sie zur nächsten Blume und tragen den Blütenstaub weiter.

Wenn es nicht zu sonnig ist, wagt sich die Weinbergschnecke aus ihrem Spinnen Haus. Sie streckt ihre Fühler aus und kriecht auf der Suche nach Blättern aus durch das Gras. Ihre Eier legt sie in eine Erdhöhle. Daraus schlüpfen viele Schneckenkinder mit winzigem Häuschen.

Rote Flügeldecken, sechs krumme Fäden Beinchen und sieben schwarze Punkte – das ist der Marienkäfer, wie wir ihn kennen. Es gibt ihn aber auch in anderen die Farben, mit vielen oder ganz wenigen Pünktchen.

②

1 Sieh dir die verschiedenen Texte an.
Ordne jedem Begriff den passenden Text zu.
Schreibe die Lösungsbuchstaben auf.
Rückwärts gelesen ergibt sich
ein Lösungswort.

1	2	3	4	5	6	7	8
T							

1	Eintrittskarte	2	Werbeprospekt
3	Kassenzettel	4	Einladung
5	Fahrkarte	6	Zeitungsanzeige
7	Rezept	8	Terminzettel

S

Junge Familie mit einem Kind sucht 3-Zimmer-Wohnung mit Stellplatz und Balkon.
✉ unter Z 137856 an den Verlag

E

PIZZA

schneller Pizzateig
(für ein großes Blech):

500 g Mehl
1 Päckchen Trockenhefe
2 Teelöffel Salz
250 ml lauwarmes Wasser
4 Esslöffel Olivenöl

E

Buchhandlung Sternenstaub
Valentinstr. 9, 60311 Frankfurt/Main
Tel.: 069/9000 9000
www.sternenstaub-buecher.beispiel

Jim Knopf und Lukas der Lokomotivführer	15,00 EUR
Die kleine Hexe	12,00 EUR
Ferien im Möwenweg	15,00 EUR
SUMME:	**42,00 EUR**
BAR:	50,00 EUR
ZURÜCK:	8,00 EUR

L

Dr. med. Birgit Baier
Zahnärztin

Ihre nächsten Termine

Tag	Datum	Uhrzeit
Di	23.05.	16:00 Uhr

I

Ferien im Odenwald

Erholung und Spaß in traumhafter Landschaft

T

Schwimmbad Neustadt
TAGESKARTE
KIND
4,50 EUR

E

Bergbahn Krähennest
Erwachsene
10,50 EUR
gültig bis 01.10.2023

Z

Liebe Eltern der Klasse 3a,
wir möchten euch herzlich zu unserem Klassenfest am Freitag, dem 16.11., um 16 Uhr in unser Klassenzimmer einladen.
Für Getränke ist gesorgt,
über Spenden für unser Kuchen-Büfett freuen wir uns.
Bitte meldet euch bis zum 10.11. an.
Eure Klasse 3a

(1) Verbinde jeden Textabschnitt mit dem richtigen Bild.

Einen Trinkbecher basteln

1	Falte ein Blatt Papier so, dass die untere Kante genau auf der Seitenkante liegt.
2	Schneide dann den Papierstreifen oberhalb des entstandenen Dreiecks ab. Lege das Dreieck mit der offenen Spitze nach oben. Falte die offene Spitze nach unten bis zur Kante des Dreiecks und wieder nach oben. So erhältst du eine Markierung.
3	Falte jetzt die linke Spitze so, dass ihre obere Kante genau an der Markierung liegt. Falte danach die rechte Spitze ebenso. Sie deckt die linke Spitze nun teilweise ab.
4	Falte die beiden oberen Spitzen nach unten, eine davon nach vorne, die andere anschließend nach hinten. Fertig ist der Becher.

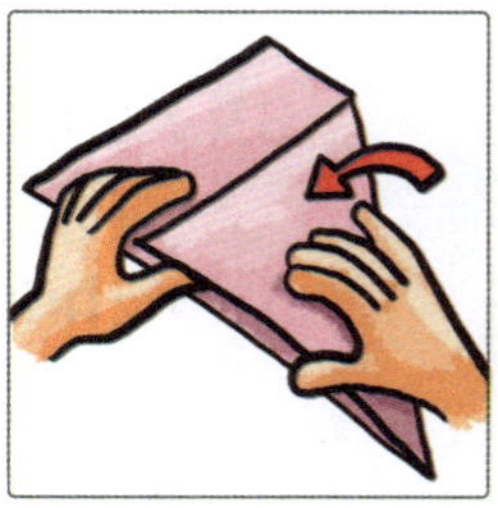

(2) Bastelt den Trinkbecher nach der Anleitung aus (1). Probiert ihn aus.

(3)

1 Lies das Interview und die Fragen.
Unterstreiche die Textstellen, die zu den Fragen passen.

So ein Mist!

Spannende Berufe: Stephan Paspalaris ist Tierpfleger

Von Stefanie Köhler

Dieser Mann muss sich ziemlich viel Mist ansehen – denn Stephan Paspalaris ist der Chef vom Schaubauernhof. Mit sechs Kollegen kümmert er sich um 110 Tiere wie Esel, Trampeltiere, Ziegen und Schafe. Viel Zeit zum Streicheln bleibt ihm nicht. Er benötigt viele Stunden, um die Ställe und Gehege zu reinigen und die Tiere zu füttern.

Herr Paspalaris, welche Aufgaben haben Sie als Tierpfleger?

Ich kümmere mich darum, dass neue Tiere auf den Bauernhof kommen, und verkaufe andere. Außerdem muss ich die Ställe und Außengehege putzen, die Tiere reinigen, Hufe auskratzen, sie striegeln und füttern.

Die Putzarbeit klingt echt anstrengend.

Das ist sie auch. Ein Tierpfleger muss kräftig zupacken können und bei Wind und Wetter draußen arbeiten. Wir beginnen um 7 Uhr die Ställe auszumisten, die Tiere zu putzen und zu füttern. Das dauert drei Stunden.

Reicht es, die Ställe zu reinigen?

Den Kuhstall putzen wir mehrmals. Ein Mitarbeiter kümmert sich nur um die Kühe, weil sie so viel Arbeit machen. Auch die Ställe der Trampeltiere reinigen wir zweimal am Tag.

Wie oft bekommen die Tiere Futter?

Die meisten Tiere füttern wir nur morgens. Der Trog der Kühe ist dagegen immer gefüllt. Die Ponys und Esel bekommen abends nochmals was. Auch die Hirsche und Trampeltiere kriegen ein Betthupferl wie einen Apfel.

Bleibt Ihnen Zeit, die Tiere zu streicheln?

Wenig. Aber das ist nicht schlimm, weil die Besucher viele Tiere im Streichelzoo knuddeln. Wenn ich eine Kuh kraule, streckt sie den Hals in die Höhe. Die anderen Kühe, die das sehen, laufen dann aus dem Stall und sind ganz ungeduldig, bis sie endlich dran sind. Ein gutes Verhältnis zu den Tieren ist wichtig.

Haben Sie bei Ihrer Arbeit auch mit gefährlichen Tieren zu tun?

Von den Wisenten, Hirschen, Wildschweinen oder Wildpferden halten wir uns fern, weil sie Wildtiere sind. Die Männchen sehen uns als Konkurrenz und könnten uns angreifen. Außerdem sind die Wildpferde ziemlich schreckhaft.

Welche Tiere sind am frechsten?

Die Kühe stellen sich gerne auf den Wasserschlauch, wenn wir den Stall ausspritzen. Sie wissen, dass wir uns ärgern, wenn kein Wasser mehr fließt.

Wie wird man eigentlich Tierpfleger?

Man macht eine Ausbildung, die drei Jahre dauert. Gut ist, wenn man schon einmal mit Tieren gearbeitet hat und einen guten Schulabschluss hat.

a) Welchen Beruf hat Stephan Paspalaris?

b) Um wie viele Tiere kümmern sich Herr Paspalaris und seine Kollegen?

c) Wie oft müssen die Ställe der Trampeltiere gereinigt werden?

d) Mit welchen gefährlichen Tieren hat er es bei seiner Arbeit zu tun?

e) Wie ärgern die Kühe gern ihren Pfleger?

f) Wie lange dauert die Ausbildung zum Tierpfleger?

In einem **Interview** werden berühmte Menschen, Fachleute oder andere interessante Personen befragt.

① Lies das Märchen mehrmals.

Das Hirtenbüblein

Es war einmal ein Hirtenbüblein, das war wegen seiner weisen Antworten, die es auf alle Fragen gab, weit und breit berühmt. Der König des Landes hörte auch davon, glaubte es nicht und ließ das Büblein kommen.

Da sprach er zu ihm: „Kannst du mir auf drei Fragen, die ich dir vorlegen will, Antwort geben, so will ich dich ansehen wie mein eigen Kind, und du sollst bei mir in meinem königlichen Schloss wohnen."

Sprach das Büblein: „Wie lauten die drei Fragen?"

Der König sagte: „Die erste lautet: Wie viele Tropfen Wasser sind in dem Weltmeer?"

Das Hirtenbüblein antwortete: „Herr König, lasst alle Flüsse auf der Erde verstopfen, damit kein Tröpflein mehr daraus ins Meer läuft, das ich nicht erst gezählt habe, so will ich Euch sagen, wie viele Tropfen im Meere sind."

Sprach der König: „Die andere Frage lautet: Wie viele Sterne stehen am Himmel?“

Das Hirtenbüblein sagte: „Gebt mir einen großen Bogen weißes Papier“, und dann machte es mit der Feder so viele feine Punkte darauf, dass sie kaum zu sehen und fast gar nicht zu zählen waren und einem die Augen vergingen, wenn man darauf blickte.

Darauf sprach es: „So viele Sterne stehen am Himmel als hier Punkte auf dem Papier, zählt sie nur.“ Aber niemand war dazu imstand.

Sprach der König: „Die dritte Frage lautet: Wie viele Sekunden hat die Ewigkeit?“

Da sagte das Hirtenbüblein: „In Hinterpommern liegt der Demantberg, der hat eine Stunde in die Höhe, eine Stunde in die Breite und eine Stunde in die Tiefe; dahin kommt alle hundert Jahr ein Vöglein und wetzt sein Schnäbelein daran, und wenn der ganze Berg abgewetzt ist, dann ist die erste Sekunde von der Ewigkeit vorbei.“

Sprach der König: „Du hast die drei Fragen aufgelöst wie ein Weiser und sollst fortan bei mir in meinem königlichen Schlosse wohnen und ich will dich ansehen wie mein eigenes Kind.“

Brüder Grimm

(2) **Erzähle das Märchen aus (1) einem Partnerkind. Frage nach, ob alles verständlich war.**

(1) Stelle ein eigenes Märchen zusammen. Kreuze dazu jeweils eine Zeile an.

Es war einmal

○ ein altes, braves Mütterlein.
○ ein mutiges Müllerstöchterlein.
○ ein fröhliches Hirtenknäblein.

Obwohl es sehr arm war, lebte es zufrieden

○ mit seinen zwölf Ziegen in einem warmen Stall.
○ mit seinen drei Brüdern in einer kleinen Hütte nahe einem Schloss.
○ mit seinen Hühnern und Gänsen in einem alten Häuschen am Waldrand.

Alle mochten es gern leiden, denn

○ es war fromm und gut.
○ es war hilfsbereit und fröhlich.
○ es wusste immer einen guten Rat.

Eines schönen Tages, als es Brennholz sammelte, begegnete es einem

○ buckligen Männlein mit weißem Bart.
○ weißen Täubchen.
○ alten Weiblein.

Das reichte ihm

○ einen rostigen Schlüssel
○ eine goldene Münze
○ eine graue Feder

und sprach:

○ „Nimm dies und lege es in dieser Nacht unter deine Schlafstätte."
○ „Nimm dies und vergrabe es hinter deiner Hütte."
○ „Nimm dies und schenke es dem Nächsten, den du auf deinem Wege triffst."

Es tat wie ihm geheißen. Und als es am nächsten Morgen erwachte, erschien ihm ein wunderschöner Königssohn und sprach:

○ „Du hast mich erlöst. Nun hast du drei Wünsche frei."
○ „Du hast mich gerettet. Ab heute sollst du in meinem Schlosse wohnen."
○ „Du hast mich nach 100 Jahren erlöst. Ich will dir mit Gold und Silber danken."

Und wenn sie nicht gestorben sind, so leben sie noch heute.

(2) Lest euch eure Märchen aus (1) gegenseitig vor.

Lernportion 2: Verschiedene Textsorten kennenlernen

MK-Tipp: ein eigenes Märchen am Computer schreiben, gestalten und ausdrucken

2 Merkmale von Märchen kennenlernen

(1) Lies den Lexikonartikel.

Märchen werden von allen Völkern der Welt erzählt. Es sind fantasievolle Geschichten, in denen Tiere oder Dinge sprechen können und in denen **fantastische Wesen** wie ▶ **Hexen**, ▶ **Zwerge** oder ▶ **Riesen** vorkommen. Märchenfiguren haben häufig **gegensätzliche Eigenschaften**. Sie befinden sich oft in schwierigen Situationen, müssen Aufgaben lösen und Gefahren überwinden, bis am Ende dann das Gute siegt. In vielen Märchen spielen die Zahlen **3**, **7** und **12** eine **besondere Rolle**. Außerdem kommen in Märchen häufig **Sprüche**, **Verse** oder **Zauberformeln** vor. Viele Märchen haben einen **besonderen Anfangs- und Schlusssatz**. Märchen wurden ursprünglich nur mündlich überliefert, das heißt, nur durch Erzählen weitergegeben. Die ▶ **Brüder Grimm** haben in Deutschland als Erste Märchen gesammelt und aufgeschrieben.

(2) Übertrage die Tabelle zu den Märchenmerkmalen auf ein Blatt Papier. Ergänze in jeder Spalte mindestens noch zwei weitere Beispiele.

Märchenmerkmale

Figuren	besondere Zahlen	Sprüche	besondere Orte	magische Dinge
– Hexe – Königin – sprechende Tiere – …	– 3 Wünsche – …	– Spieglein, Spieglein an der Wand, wer ist die Schönste im ganzen Land? – …	– Wald – …	– sprechender Spiegel – …

① Sieh dir den Lebenslauf an und lies die Informationen über das Leben des Physikers Stephen Hawking.

Ein **Lebenslauf** zeigt wichtige Ereignisse in der Reihenfolge, in der sie passiert sind.

1942 Stephen Hawking wird in der Stadt Oxford in England geboren.

1962 Stephen erhält seinen Universitätsabschluss in Mathematik und Physik an der Universität Oxford. Danach studiert er Kosmologie an der Universität Cambridge.

1963 Durch eine schwere Krankheit werden Stephens Muskeln immer schwächer. Bald braucht er einen Rollstuhl. Später kann er sich nur noch mit Hilfe eines Sprachcomputers verständigen.

1965 Stephen heiratet seine Freundin Jane. Im Laufe der Zeit bekommt das Paar drei Kinder.

1988 In dem Buch „Eine kurze Geschichte der Zeit" beschreibt Stephen die Entstehung des Universums und wird weltberühmt. Er macht viele wichtige Entdeckungen.

2018 Stephen stirbt im Alter von 76 Jahren zu Hause in Cambridge.

② Kreuze nur die Sätze an, die stimmen.

- ◯ Stephen Hawking lebte in England.
- ◯ 1962 erhielt er seinen Abschluss in Mathematik und Physik.
- ◯ Im gleichen Jahr heiratete er seine Freundin Jane.
- ◯ Sein Buch „Eine kurze Geschichte der Zeit" erschien im Jahre 1988.
- ◯ 2018 starb Stephen zu Hause in Oxford.

① Seht euch die Bilder an und sprecht über jedes Bild.
Tauscht eure Gedanken und euer Wissen aus.

A

B

C

D

② Lest die folgende Überschrift und die Zwischenüberschriften.
Vermutet, worum es in jedem Textabschnitt gehen könnte.

Die Geschichte des runden Leders

1. Die Anfänge des Fußballspiels
2. Wie der Fußball nach Deutschland kam
3. Ohne Regeln geht es nicht!
4. Die ersten WM-Titel für Deutschland

③ Lies den Text auf Seite 20.
Überprüfe, ob deine Vermutungen aus ② stimmen.

④ Bildunterschriften erklären, was auf Bildern zu sehen ist.
Ordne die Bildunterschriften den vier Bildern aus ① zu.

Platzverweis D

Die Fußballhelden von Bern ___

Konrad Koch – der Mann, der den Fußball nach Deutschland brachte ___

Fußball – ein uraltes Spiel ___

① Lies den Text und ordne den vier Abschnitten jeweils das passende Bild von Seite 19 zu.

② Lies jeden Textabschnitt noch einmal und decke ihn dann ab. Notiere Stichwörter.

Heft 4, S. 20 ②
Die Geschichte des runden Leders
– ...

Die Geschichte des runden Leders

1. Die Anfänge des Fußballspiels

Bild ____

Schon vor über 4000 Jahren wurde in China eine Art Fußball gespielt. Auch die Maya und Azteken in Südamerika kannten eine Art Fußball, ebenso die Römer und Griechen. Der Ball war damals aus ausgestopften Tierhäuten oder luftgefüllten Schweinsblasen.

2. Wie der Fußball nach Deutschland kam

Bild ____

In Deutschland wurde 1874 in Braunschweig zum ersten Mal Fußball gespielt. Der Lehrer Konrad Koch hatte von dem Spiel gehört, das in England gespielt wurde, und führte es an seiner Schule ein. Die Schüler waren begeistert. Nach und nach verbreitete sich das Spiel in ganz Deutschland.

3. Ohne Regeln geht es nicht!

Bild ____

Die ersten verbindlichen Fußballregeln wurden 1863 in England aufgestellt. 1970 wurde bei einer WM erstmals die Rote Karte eingesetzt. Auf die Idee kam ein englischer Schiedsrichter, als bei einem Länderspiel ein argentinischer Spieler die mündliche Anweisung nicht verstand oder verstehen wollte.

4. Die ersten WM-Titel für Deutschland

Bild ____

Seit 1930 wird eine Weltmeisterschaft im Fußball ausgetragen. Zu dieser Zeit durften ausschließlich Männer Fußball spielen. 1954 wurde die deutsche Nationalmannschaft zum ersten Mal Weltmeister. Ganz Deutschland feierte die „Helden von Bern“. Seit 1991 gibt es auch eine Weltmeisterschaft der Frauen. Die deutschen Frauen holten dort 2003 zum ersten Mal den Titel.

MK-Tipp: mit Hilfe einer Kindersuchmaschine oder eines Lexikons schwierige Wörter recherchieren

3 Textabschnitten Überschriften zuordnen

(1) Ordne den Texten passende Überschriften zu. Male dazu jedes Kärtchen in der passenden Textfarbe aus. Ein Text bleibt übrig. Kreise ihn ein.

Wir sind sechs Kinder

Ein weiter Schulweg

Eine Nacht auf dem Heuboden

Wir besuchten den Großvater

Dann gruben wir uns in das Heu ein. Es roch herrlich, aber es pikste auch. Nachdem wir uns in die Pferdedecken eingewickelt hatten, lagen wir aber richtig gut.

Da sind nur die drei Höfe: der Nordhof, der Mittelhof und der Südhof. Und nur sechs Kinder: Lasse und Bosse und ich und Ole und Britta und Inga.

Es war ein Uhr, als wir von der Schule fortgingen. Nein, waren das Schneewehen! Und wie es stürmte! Wir mussten uns beim Gehen richtig zusammenducken.

Wir Kinder aus Bullerbü gehen alle zusammen zur Schule. Wir müssen schon um sieben von zu Hause weggehen, denn wir haben ja einen weiten Weg.

Dann besuchten wir alle Großvater und erzählten ihm, dass wir uns verkleidet hätten. Er konnte es ja leider nicht selbst sehen. Aber wir spielten ihm Theater vor, ein Theaterstück, das wir uns selber ausdachten. Lasse spielte eine giftige Tante. Nein, wie haben wir über ihn gelacht! Großvater lachte auch, obwohl er nicht sehen konnte, sondern nur hören. ◇

Astrid Lindgren

(2) Finde eine passende Überschrift zu dem Textabschnitt aus (1), der keine Überschrift hat.

1 Sieh dir nur die Fotos an. Vermute, worum es in diesem Text geht.

2 Notiert in Stichwörtern, was ihr bereits über Flusspferde wisst.

–

3 Finde mit Hilfe der Fotos den passenden Textabschnitt.
Unterstreiche die Antwort auf die Fragen in der richtigen Farbe.

a) Rot: Wo ist die Heimat der Flusspferde?
b) Grün: Wie viele Kälber bringen Flusspferde meistens zur Welt?
c) Blau: Wie lang werden die Eckzähne der Flusspferde?

Wissenswertes über Flusspferde

1 Die Heimat der Flusspferde ist Afrika. Sie leben in Gebieten mit Seen und langsam fließenden Flüssen. Erwachsene Tiere können von der Schnauze bis zum Schwanz mehr als vier Meter lang werden und bis zu 3 500 Kilogramm wiegen.

2 Am riesigen Kopf sitzen die Augen, Ohren und die Nase so weit oben, dass sie aus dem Wasser herausragen, auch wenn das Tier ganz untergetaucht ist. Die mächtigen Eckzähne im Unterkiefer werden oft bis zu 50 Zentimeter lang.

3 Erwachsene Flusspferde fressen bis zu 50 Kilogramm Grünzeug am Tag. Flusspferdkühe bringen meistens nur ein Kalb zur Welt, selten sind es zwei Jungtiere. Da die Dickhäuter kaum natürliche Feinde haben, können sie in freier Wildbahn bis zu 40 Jahre alt werden.

Eine **Suchmaschine**
hilft dir, passende Internetseiten zu finden.
Einen Hinweis auf eine Internetseite nennt man **Link**.
Wenn du darauf klickst, wirst du zu einer
anderen Seite weitergeleitet.

1) Sieh dir die Seite der Kindersuchmaschine an.
Beantworte die Fragen.
Markiere dazu die passenden Stellen in der Abbildung.

a) Wie heißt die Suchmaschine?

b) Welcher Suchbegriff wurde in das Suchfeld eingetippt?

c) Welcher Link führt dich zu einem Interview?

d) Wo bekommst du Tipps für deine Internetsuche?

e) Worauf musst du klicken, wenn du an Lola schreiben möchtest?

Lernportion 3: Texte überblicken und verstehen

Plenum: sich über die eigene Internetnutzung austauschen
MK: Eigenschaften von Internetseiten kennenlernen
MK-Tipp: eine Kindersuchmaschine im Internet anschauen und mit der Vorlage vergleichen

① Lies den Text.

Wer ist wo und wie ist's dort?

Weit, weit weg – etwa auf halber Strecke zwischen Donnerstag und dem Nordpol – liegt das Grasland. Dort wohnen die Opodeldoks. Im Grasland wächst viel Gras. Es gibt da Hafergras und Flattergras, Borstengras und Zittergras, Rispengras und Lispelgras und zweiundneunzig andere Grassorten. Aber es gibt wirklich nur Gras. Nicht einmal ein Busch wächst da, geschweige denn ein Baum. Gras ist wirklich wichtig für die Opodeldoks. Es ist kaum zu glauben, was sie alles daraus machen können! Sie flechten Teppiche und Decken aus Grashalmen und weben herrliche Stoffe aus getrockneten Gräsern. Ihre Kleider bestehen aus fein gesponnenen Grasfasern, und die vielen großen Kissen, die sie aus Graswolle stricken, werden natürlich mit duftendem Heu gefüllt. Die vielen Kissen brauchen sie für den Boden ihrer Schlafhöhle. Das Gras steht natürlich auch auf dem Speisezettel der Opodeldoks. Aus zarten Grasspitzen machen sie zum Beispiel einen wohlschmeckenden Grassalat. Und aus gekochten Gräsern bereiten sie ein gutes Gemüse, das ein bisschen wie Spinat schmeckt. Aber noch lieber essen die Opodeldoks Hühnereier …

Paul Maar, Sepp Strubel

② Finde die Antworten im Text zu ①.
Unterstreiche jeweils in der passenden Farbe.

a) Rot: Wo befindet sich das Grasland?

b) Blau: Welche Arten von Gras wachsen im Grasland?

c) Grün: Was stellen die Opodeldoks aus getrockneten Gräsern her?

d) Orange: Warum benötigen die Opodeldoks Kissen?

e) Gelb: Welche Gerichte bereiten die Opodeldoks aus Gras zu?

① Lies das Inhaltsverzeichnis und beantworte die Fragen.

INHALT

Heft 4, S. 25 ①
a) Milan wird Seite 12 über See-Elefanten
und Seite … über … aufschlagen.
b) Für Rani …

a) Milan liebt Tiere. Welche Seiten wird er wohl aufschlagen?

b) Rani interessiert sich für das Leben von Kindern in anderen Ländern. Welche Artikel sind für sie interessant?

c) Welches Bastelprojekt wird im Heft vorgestellt?

d) Wie heißt das Titelthema dieser Ausgabe und wo leben die vorgestellten Tiere?

e) Emil sucht Empfehlungen für Bücher und Spiele. Zu welcher Seite muss er blättern?

f) Über welchen Sport kannst du in dieser Ausgabe mehr erfahren?

② Schreibe auf, welche Seiten der Kinderzeitschrift aus ① du als Erstes aufblättern würdest. Begründe deine Wahl.

Heft 4, S. 25 ②
Ich würde zu Seite … blättern, weil …

4 Wichtige Wörter in einem Text finden

Wichtige Wörter helfen dir, **den Inhalt eines Textes zu verstehen.**
Mit ihrer Hilfe kannst du einen Text mit eigenen Worten wiedergeben.

① Lies den Text.
Die Lupen kennzeichnen wichtige Wörter.
Dies können einzelne oder mehrere Wörter sein.
Unterstreiche sie.

Der Steinadler

Der Steinadler ist ein Greifvogel. Weil er so majestätisch fliegt, wird er auch als „König der Lüfte“ bezeichnet. In freier Wildbahn können Steinadler bis zu 20 Jahre alt werden, in Gefangenschaft werden sie sogar noch etwas älter. Der Steinadler ist bei uns die zweitgrößte Adlerart. Nur Seeadler werden etwas größer. Ein erwachsener Steinadler hat ein dunkelbraunes Gefieder und einen weiß-schwarzen Schwanz. Er besitzt einen kräftig gekrümmten Hakenschnabel. Seine leuchtend gelben Krallen sind messerscharf und helfen ihm bei der Jagd. Auch seine scharfen Augen sind bei der Jagd aus der Luft sehr wichtig. Mit ihrer Hilfe erspäht er die Beute noch aus großer Höhe.

(2) Lies den zweiten Teil des Textes über Steinadler.
Finde wichtige Wörter und unterstreiche sie.

Der Steinadler frisst hauptsächlich kleinere Tiere wie Hasen, Murmeltiere oder Mäuse. Da er sehr kräftig ist und mit seinen Krallen und seinem Schnabel gut zupacken kann, erbeutet er aber auch größere Tiere wie Füchse oder Rehkitze. Adler greifen ihre Beute immer aus der Luft an. Die Vögel meiden die Nähe des Menschen und lieben einsame Gegenden mit Felsen. Vereinzelt ist der Steinadler noch in Deutschland zu Hause. So brüten in den Höhenlagen der Alpen in Bayern noch ungefähr 50 Steinadlerpaare.

(3) Kreuze nur die Aussagen an, die stimmen.

- ○ Steinadler zählen zu den Greifvögeln.
- ○ Steinadler jagen aus der Luft.
- ○ Steinadler sind größer als Seeadler.
- ○ Steinadler sieht man nur noch in Gefangenschaft.
- ○ Steinadler haben einen gekrümmten Schnabel.
- ○ Bei der Jagd helfen dem Steinadler die scharfen Krallen und Augen.
- ○ Der Steinadler kann nur kleinere Tiere erbeuten.

(4) Erzähle einem Partnerkind, was du nun über den Steinadler weißt.
Nutze die unterstrichenen Wörter aus (1) und (2).

(1) Lies den Text und markiere alle Tiere, die genannt werden.

Mortimer Morrisons magische Zoohandlung

Mortimer Morrison pfiff vergnügt durch die Zähne, als das gelbe Warnschild am Straßenrand auftauchte: Vorsicht – Kängurus kreuzen den Weg! Unbedingt wollte Mortimer Morrison ein Känguru in seiner magischen Zoohandlung haben.

Viel Zeit blieb ihm nicht mehr. Bald würde ihn die Fähre mitsamt seinem Omnibus nach Hause bringen. Ein Dingo lag zusammengerollt auf dem Beifahrersitz. Ein Emu streckte hinter ihm seinen langen Hals zum Fenster hinaus. Ein Schnabeltier döste zufrieden vor sich hin und störte sich nicht daran, dass eine kleine muntere Springbeutelmaus auf seinem Bauch auf und ab hüpfte. Nette magische Tiere, doch, doch. Fehlte nur noch ein Känguru! Der Omnibus rollte auf dem schnurgeraden Highway dahin.

Da vorne, eine Känguru-Herde! Mortimer Morrison trat auf die Bremse, riss die Fahrertür auf und brüllte: „Ich bin's, Mortimer Morrison! Inhaber der magischen Zoohandlung! Kann mich jemand hööören?" Die Herde hüpfte ungerührt weiter. Enttäuscht kehrte Mortimer Morrison zu seinem Bus zurück. Dass durch die offen stehende Tür ein kleiner Haarnasenwombat hereingetapst war, bemerkte er erst viel später.

An einem Eukalyptuswald ließ Mortimer Morrison den Omnibus ausrollen. Zeit für eine Pause! Er öffnete beide Türen, damit sich auch die Tiere die Beine vertreten konnten. Wie war das noch einmal mit diesen Kängurus? Mortimer Morrison überlegte, was er über sie wusste. „Halten sich in kleinen Gruppen in lichten Wäldern auf", murmelte er. „Ihre Hauptnahrung besteht aus Blättern, Knospen, Sprossen oder Rinde."

War da nicht ein Rascheln? Er blieb stehen und schaute sich suchend um. Nichts. Doch als er den Kopf in den Nacken legte, entschlüpfte seinem Mund ein entzücktes „Oho!“. Es war ein Koala. Er hockte auf einem Ast und schaute ihm mit seinen schwarzen Knopfaugen direkt ins Gesicht. Mortimer Morrison hielt die Luft an. Der Koala begann zu sprechen. „Bist du Mortimer Morrison? Inhaber der magischen Zoohandlung?“ Mortimer nickte. Der Koala plumpste nach unten und landete genau in Mortimers Armen.

„Wie heißt du?“, fragte Mr. Morrison und lächelte.

„Ich bin Sydney“, antwortete der Koala. „Ich möchte so gern mitkommen in deine magische Zoohandlung.“ ◇

Margit Auer

② Finde die Wörter im Text und notiere die Zeilennummer.

Fahrertür	hereingetapst	Knopfaugen
Zeile ______	Zeile ______	Zeile ______

③ Beantworte die Fragen im Heft.

a) Mit welchem Fahrzeug ist Mortimer unterwegs?

b) Was steht auf dem Warnschild?

c) Warum freut sich Mortimer über das Schild?

d) Was weiß Mortimer über die Lebensweise von Kängurus?

Heft 4, S. 29 ③
a) Er ist mit einem ...
b) ...

④ Überlegt, auf welchem Kontinent sich Mortimer wohl befindet. Findet Informationen, die das beweisen.

Die Fragewörter **wer, was, wie, wo, wann, warum** helfen euch!

⑤ Stellt euch gegenseitig Fragen zum Text.

1) Sieh dir die Bildzeichen genau an. Male jedes Zeichen und seine passende deutsche Bedeutung in der gleichen Farbe aus.

Arrival | Departure | Visitors' terrace | Exchange | Train station | Passport control

- Passkontrolle
- Abflug
- Ankunft
- Geldwechsel
- Besucherterrasse
- Bahnhof

2) Beantworte die Fragen zum Bild.

a) In welchem Terminal ist die Passkontrolle? Terminal ______

b) Welche Verkehrsmittel erreicht man über Terminal B? ______

c) In welchem Terminal kann man Geld wechseln? ______

3) Kreuze nur die Sätze an, die zur Bordkarte passen.

- ◯ Die Bordkarte ist auf Hanna Blume ausgestellt.
- ◯ Sie fliegt vor Weihnachten ab.
- ◯ Ihr Platz befindet sich in Reihe 14.
- ◯ Hanna fliegt am Nachmittag ab.
- ◯ Sie hat Gepäck dabei.
- ◯ Der Flug startet von Terminal B.

Mit einem Smartphone kann man **nützliche Informationen aufrufen**, zum Beispiel Zugverbindungen oder Abfahrtszeiten.

(1) Beantworte die Fragen mit Hilfe der angezeigten Reiseauskunft.

Von: Frankfurt (Main) Hbf.
Nach: Köln Hbf.

Früher

Ab	An	Dauer	Umstiege
Sa.	02.03.2024		
15:34	16:55	1:21	1
			ab 19,00 €
15:44	18:05	2:21	0
			ab 19,00 €
15:58	18:42	2:44	1
			ab 31,00 €
16:10	17:23	1:13	1
			ab 39,00 €

Heft 4, S. 31 ①
a) Die Züge fahren in … ab.
b) Die Reise …

a) In welcher Stadt fahren die Züge ab?

b) Wohin führt die Reise?

c) Wann soll die Reise stattfinden? Nenne Wochentag und Datum.

d) Wie lange ist man unterwegs, wenn man um 15:44 Uhr startet?

e) Wann kommt man an, wenn man um 15:58 Uhr startet?

f) Welchen Zug muss man wählen, um möglichst schnell anzukommen?

g) Welchen Zug muss man wählen, wenn man nicht umsteigen möchte?

h) Auf welches Feld muss man tippen, wenn man einen Zug sucht, der vor 16:55 Uhr ankommt?

Diagramme sind Schaubilder. Sie stellen wichtige Informationen und Zahlen **in Form eines Bildes** dar.
Es gibt verschiedene Arten von Diagrammen:

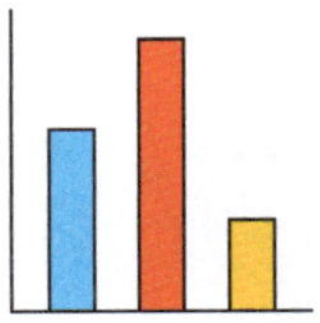

Säulendiagramme

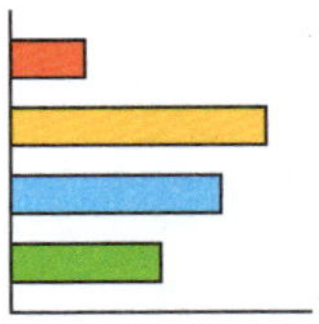

Balkendiagramme

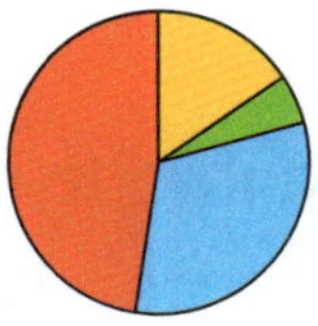

Kreisdiagramme

① Die Klasse 3a beobachtete einen Vormittag lang den Verkehr vor der Schule. Kreuze nur die Aussagen an, die zum Säulendiagramm passen.

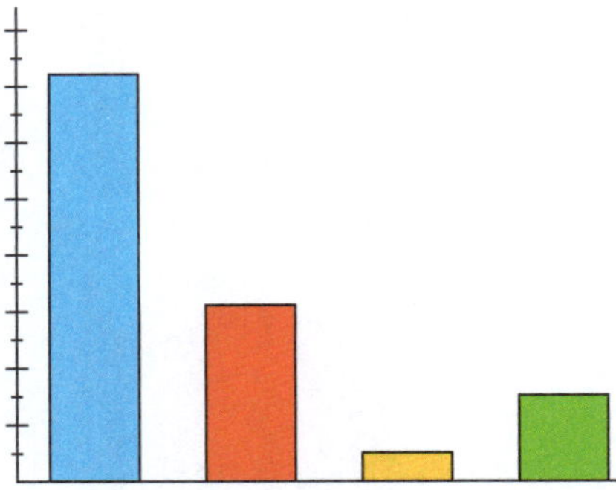

Das Diagramm zeigt, …

- ○ wie viele Kinder an diesem Tag zu spät zur Schule kamen.
- ○ wie viele Fahrzeuge an der Schule vorbeifuhren.
- ○ welche Fahrzeuge an der Schule vorbeifuhren.
- ○ wie viele Leute zu Fuß vorbeigingen.
- ○ dass fünf Busse vorbeifuhren.

② Kreuze an, welches Kreisdiagramm zum Säulendiagramm aus ① passt.

A

○

B
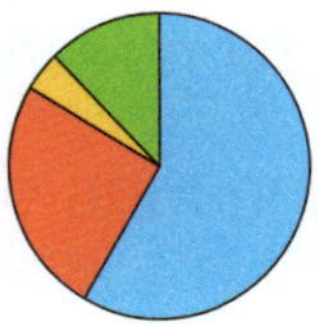
○

C
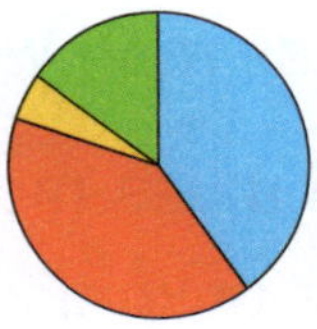
○

Pkw
Lkw
Bus
Fahrrad

Lernportion 5: Texte und Zeichen verstehen

Plenum: den Verkehr vor der Schule beobachten und die Beobachtungen in einem Säulendiagramm festhalten

1 Betrachte und lies den Prospekt. Beantworte die Fragen.

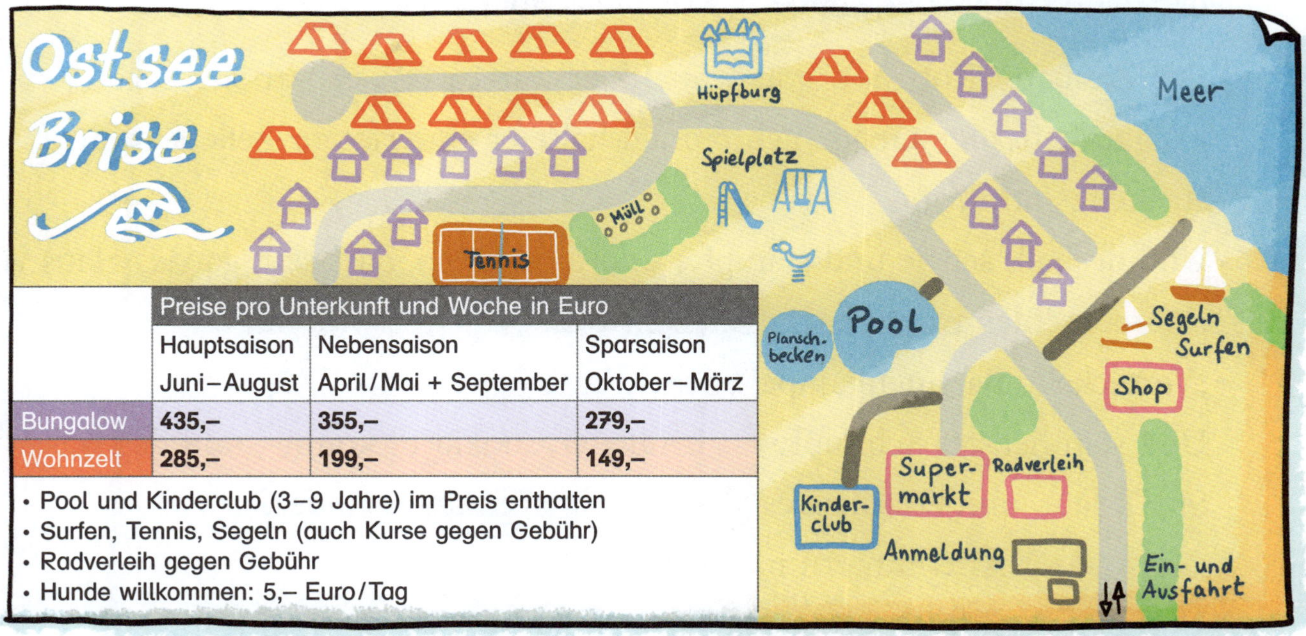

	Preise pro Unterkunft und Woche in Euro		
	Hauptsaison Juni–August	Nebensaison April/Mai + September	Sparsaison Oktober–März
Bungalow	**435,–**	**355,–**	**279,–**
Wohnzelt	**285,–**	**199,–**	**149,–**

- Pool und Kinderclub (3–9 Jahre) im Preis enthalten
- Surfen, Tennis, Segeln (auch Kurse gegen Gebühr)
- Radverleih gegen Gebühr
- Hunde willkommen: 5,– Euro/Tag

a) Wie viele Wohnzelte und Bungalows bietet das Feriendorf?

b) Für welche Angebote müssen die Gäste zusätzlich bezahlen?

c) Familie Kuzu bucht für zwei Wochen im August einen Bungalow.

Wie viel kostet das?

d) Wie viel bezahlt Familie Kowalski für eine Woche im Wohnzelt im Mai?

e) In welchen Monaten kann man am günstigsten verreisen?

2 Stellt euch gegenseitig Fragen zum Prospekt aus 1.

① Lies den Text und unterstreiche die Wörter, die zeigen, dass der Zauberer Kotzmotz wütend ist.

Der Zauberer Kotzmotz war wütend, er war zornig, er war sozusagen essiggurkensauer. Genau genommen hatte er eine riesige, kellerschwarze, stachelige Stinkwut.

Und deshalb schrie und stampfte und tobte er so, dass sein ganzes Haus wackelte.

„Warzenschleim mit Senfsoße!“, schrie er.

„Verpickelte Bananenpampe!“, schrie er.

Und sein liebstes Schimpfwort brüllte er, so laut er konnte, und das war SEHR laut, und er schrie es gleich dreimal hintereinander:

„Verstinkter Affenhintern in Pupssuppe!“

Und dann schmiss er sein Zauberbuch auf den Boden und trampelte so lange darauf herum, bis er es zu Konfetti zerstampft hatte. ◇

② Lies den Text aus ① einem Partnerkind so vor, dass die Wut des Zauberers deutlich wird.

③ Lies den nächsten Textabschnitt. Schreibe auf, wie sich der Hase fühlt. Beschreibe auch die Gefühle des Eichhörnchens und des Käfers.

Heft 4, S. 34 ③
Hase: …
Eichhörnchen: …
Käfer: …

Da liefen die Tiere im Wald in ihre Verstecke und drückten sich eng aneinander. Nur der kleine, immer zerzauste Hase mit dem Knick im Ohr war ziemlich unbeeindruckt. „Warum tobt er so?“, fragte er das Eichhörnchen, das sich die Augen zuhielt. „PSSSSST!“, flüsterte das erschrocken. „Ich bin unsichtbar.“ Und es sprang schnell einen Baum weiter. Dort hielt es sich gleich wieder die Pfoten fest vor die Augen.

„He, du grüner Käfer“, fragte der zerzauste Hase, „warum tobt er so?“

„Pssssst!“, huschelte der und rannte mit seinen sechs Beinchen so schnell er konnte unter das nächste Blatt. ◇

Lernportion 6: Gedanken zu Texten entwickeln

Plenum: einen erzählenden Text ausdrucksvoll vortragen und sich gegenseitig wertschätzende Rückmeldungen zum Vortrag geben

AH 48, 49

④ **Lies weiter. Übe, die Lieblingswörter des kleinen Hasen flüssig und betont zu lesen.**

Er muss ziemlich verärgert sein, dachte der kleine Hase mit dem Knick im Ohr, wenn er diese wütenden Wörter brüllt, wo es doch so viele wunderschöne Wörter gibt. „LIBELLENFLÜGELPERLMUTT“, summte er. „FROSCHBACKENPOSAUNENMUSIK“, sang er. „SAMTKÄTZCHENDUFTGESTREICHEL“, erfand er. „HIMBEERROSASCHNÜRSCHUHTÄNZCHEN“, kicherte er und hopste dabei im Kreis herum, bis er aus Versehen mit seinem kleinen weichen Hasenpopo rückwärts gegen die Tür des Hauses vom Zauberer Kotzmotz stieß.

„Lauf weg! Lauf weg!“, kreischte die Elster so schrill und heftig, dass der zerzauste Hase eine Gänsehaut bekam und sein letztes schönes Wort „MAMABAUCHKUSCHELWEI…!“ ihm im Halse stecken blieb. ◇

Brigitte Werner

⑤

(1) Lies den Text.

Top Bob, dein Hund und Retter

Es ist gar nicht so leicht, Bob zu sein. Oder genauer gesagt: Top Bob. Denn das ist mein Spitzname in der Nachbarschaft. Top Bob, dein Hund und Retter. So nennen mich meine Freunde Zita Zwergpudel, Nero Bulldog und Skipper Angstdackel. Heute früh ist auch wieder so einiges passiert, dabei hat der Tag gerade erst angefangen. „Passt du auch gut aufs Haus auf, Toppilein?“, fragt Frau Drill. Dann schlägt die Tür hinter Herrn und Frau Drill zu. Jeden Tag das Gleiche! Was soll diese Frage? Ihr habt doch selbst ein Schild mit einem Bild von mir im Garten aufgestellt! Na gut, der Hund auf dem Schild ist schon etwas größer. HIER WACHE ICH, steht darüber. Was glauben die eigentlich, was ich die ganze Zeit mache? Immer nur ein bisschen einem Ball nachrennen und auf einem Knochen herumkauen? Die Menschen ahnen wirklich nicht, was ein Hundeleben ist. Aber jetzt fresse ich erst meinen Futternapf leer. Und dann beginne ich mit meiner Arbeit als Wachhund. ◈

(2) Besprecht, wie Top Bobs Arbeit als Wachhund aussehen könnte.

(3) Lies, wie Top Bobs Tag weitergeht.

„Bei den Nachbarn stimmt was nicht“, kläfft Zita. „Skipper Angstdackel steckt in Schwierigkeiten. Ein Eindringling ist bei ihm im Haus.“ Skipper braucht Hilfe! Aber wie komme ich dorthin? Zum Glück bin ich Top Bob, der Hund und Retter. Mit Anlauf springe ich auf eine Mülltonne. Ich hänge mit zwei Pfoten am Zaun. Was man als Held nicht alles können muss! Ich springe von dem Zaun hinunter und betrete die Küche. Überall Unordnung. Aber wo ist Skipper? Irgendwo oben klingt ein Fiepen. Die Toilettentür ist mit einem Stuhl versperrt. ◈

(4) Besprecht, was mit Skipper passiert sein könnte.

1 Lies die Geschichte weiter.
Achte auf die Gefühle der Hunde.

„Keine Panik!“, belle ich.
„Hier ist Top Bob! Dein Retter in der Not!“
Mit der Nase schiebe ich den Stuhl beiseite.
Die Tür fliegt auf.
Skipper steht vor mir. Er zittert am ganzen Leib.
Seine kurzen Beinchen, der Schwanz, Ohren und Nase.
„Ist ja schon gut, Skipper“, sage ich.
„Die Gefahr ist weg. Ich habe den Gauner verjagt.
Der kommt nie mehr wieder“, flunkere ich.
„D-d-d-danke schön“, antwortet Skipper stotternd.
„T-t-t-top Bob, du hast mich gerettet.“
„Ich bin dein Hund und Retter“, will ich sagen.
Aber ich sage nichts, denn ich möchte nicht angeben.
Wir laufen durchs Haus.
„Wurde viel gestohlen?“, frage ich.
Skipper schüttelt den Kopf.
„Meine Menschen lachen immer über deine.
Über das Schild mit dem Wachhund im Garten.
‚Bei uns gibt es nichts zu holen‘, sagen sie dann.
‚Wir brauchen keinen Wachhund.‘
Was ja auch stimmt, denn sie haben ja mich!“
Skipper schaut mich lieb an.
„Stimmt“, sage ich, „und sonst haben sie ja auch noch mich!“ ◇

Harmen van Straaten

2 Lest die Geschichte mit verteilten Rollen.
Gebt den Hunden unterschiedliche Stimmen
und beachtet ihre Gefühle.

① Lies den Text.

Mein Freund Ringo

Seit Tim in die dritte Klasse geht, fährt er jeden Morgen mit der S-Bahn zur Schule. Seine Eltern haben keine Zeit, ihn hinzubringen, denn sie arbeiten beide – der Vater in einer anderen Stadt, die Mutter zu Hause am Computer. Und so sitzt er jeden Morgen an seinem Fensterplatz und schaut in die vorbeifliegende Landschaft hinaus.

Bis wenige Tage vor Weihnachten war die S-Bahn-Fahrerei für Tim noch spannender. Da freute er sich jeden Morgen auf die Station Sportfeld. Denn dort stieg Ringo in den Zug. Ringo war Tims Freund, obwohl er schon längst erwachsen war.

Ringo rasierte sich selten und machte sich nie besonders fein. Das hätte zu einem Straßenmusikanten auch gar nicht gepasst. Und zu dem großen, schon sehr abgewetzten Koffer, den Ringo immer mit sich herumschleppte, auch nicht.

Als Straßenmusikant hatte er es nicht leicht. Viele Leute gingen einfach an ihm vorüber, andere guckten ihn an, als würden sie ihn am liebsten einsperren lassen. Nur wenige warfen ihm eine Münze in den Koffer. Dabei war Ringo doch ein richtiger Künstler.

Wer stehen blieb und ihm, dem Kurti und der Sophie zuhörte und zuschaute, bekam gleich gute Laune. Wer Kurti und Sophie waren? Ringos Mitspieler. Zwei Marionetten. Sie schliefen in Ringos Koffer. Weshalb Ringo nur Ringo gerufen wurde? Weil er an jedem Finger und in jedem Ohr einen Ring trug.

Tim liebte Ringos Vorstellungen. Jedes Mal, wenn er aus der Schule kam, guckte er Kurti und Sophie ein Weilchen zu. Und hörte er Leute schimpfen, zeigte er ihnen heimlich einen Vogel. ◈

Klaus Kordon

② Besprecht den Text in einer Lesekonferenz.

a) Stellt W-Fragen zum Text und beantwortet sie.

Warum fährt Tim mit der S-Bahn zur Schule?

Wo arbeiten Tims Eltern?

Was hat Ringo immer dabei?

Wer sind Kurti und Sophie?

...

b) Besprecht, warum Ringo es als Straßenmusikant nicht leicht hat. Begründet eure Meinung.

c) Manche Leute schimpfen über Ringo.
Wie findet ihr dieses Verhalten?
Begründet eure Meinung.

③ Lest euch gegenseitig eure Lieblingsstelle aus dem Text vor. Begründet eure Auswahl.

④ Tauscht euch darüber aus, wie euch der Text gefallen hat und ob ihr das Buch gern lesen würdet. Begründet eure Meinung.

① Lest das Gespräch mit verteilten Rollen.

Es ist ein trüber Tag. Ziege frühstückt gerade. Schaf starrt auf den Boden. Es scharrt mit einem Vorderhuf im Gras.

„Was tust du?“, fragt Ziege.

„Ich suche das Glück“, antwortet Schaf.

„Das lass mal lieber bleiben, Schaf. Das ist völlig überflüssig.“

Schaf hebt den Kopf und starrt Ziege gedankenverloren an.

„Aber ich kann es nicht finden.“

„Natürlich nicht“, sagt Ziege. „Gib dir keine Mühe, Schaf. Wenn, dann sucht das Glück nach dir.“

Schaf schaut Ziege ernst ins Gesicht.

„Und was, wenn das Glück mich nicht findet?“

„Das Glück findet dich“, sagt Ziege.

Sie nimmt wieder ein Häppchen von ihrem Frühstück.

„Ich suche noch etwas weiter. Zur Sicherheit“, sagt Schaf.

Plötzlich rennt Schaf zum Zaun.

„Das Glück liegt bestimmt weiter draußen!“, ruft es Ziege zu.

„Ich schaue mich mal eben um.“ ◇

Marleen Westera

② Sprecht über den Text aus ①.

a) Worüber sind Schaf und Ziege unterschiedlicher Meinung?

b) Wie könnte der Text weitergehen?

c) Wo ist eurer Meinung nach das Glück zu finden?

Lernportion 6: Gedanken zu Texten entwickeln

D 42

In einer Bücherei sind Bücher und andere Medien oft nach Themen geordnet. Innerhalb eines Themenregals werden sie alphabetisch nach den Nachnamen der Autoren sortiert. Die Kennzeichnung auf dem Buchrücken (**Signatur**) hilft dabei. **Gru – Hach** steht zum Beispiel für das Thema **Gru**selgeschichten von der Autorin Lena **Hach**.

(1) Sortiere die Gespensterbücher alphabetisch in den Themenbereich Gruselgeschichten ein.

Heft 4, S. 41 ①
Gru – Arold, ✓...

(2) Beantworte die Fragen.

a) Tim und Malik wollen einen Vortrag über die Raumfahrt halten. Wo können sie Informationen finden?

b) Herr Kuzu möchte der Klasse 3a eine spannende Geschichte vorlesen. In welchen Regalen sollte er danach suchen?

c) Bei welchen Themen stöberst du in der Bibliothek am liebsten?

Heft 4, S. 41 ②
a) Sie können bei ...
b) ...

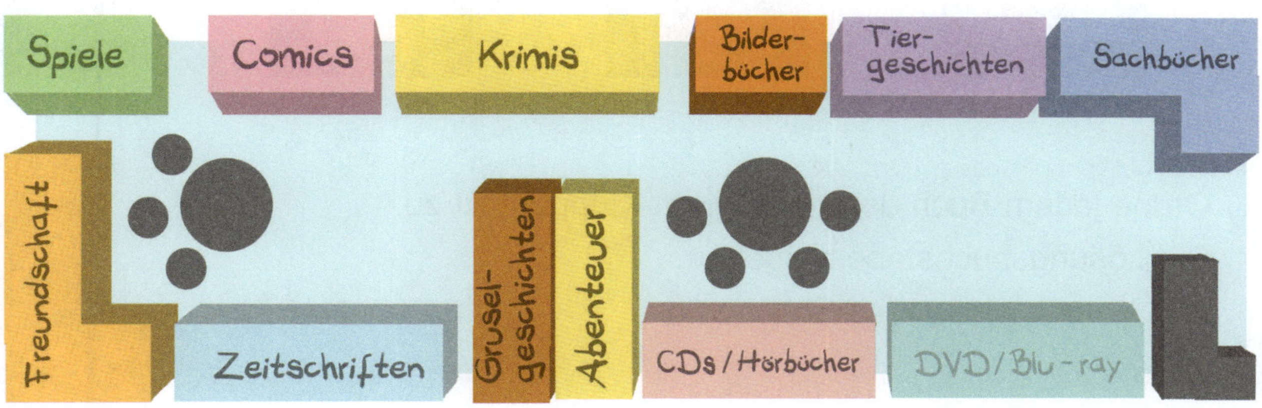

Die **Inhaltsangabe** auf der Rückseite eines Buches heißt **Klappentext**.

① Lies die Klappentexte und sieh dir die Cover an.

Mitten in der Nacht schreckt Flo aus dem Schlaf hoch. Vor ihm steht ein Mädchen und fragt nach einem Milchzahn. Moment mal! Sie will einen Zahn von ihm? Ist das die Zahnfee? Aber die gibt es doch gar nicht. Mit ihrem Umhang und der blassen Haut sieht sie auch eher aus wie ein … Ach, du nachtschwarze Zwölf, ein Vampir! A

Der Straßenjunge Pablo lebt allein in einer alten Ruine in der Großstadt Manaus. Eines Tages verschwindet sein Freund, der Student Miguel. Als Pablo einen Hilferuf erhält, ist klar: Er wird in den dichten Dschungel hinausfahren, um Miguel zu finden. Mit von der Partie sind die abenteuerlustige Ximena und ein cleverer Hund. Doch was wird die Kinder in der grünen Wunderwelt erwarten? Schon bald wird klar: Nicht nur die Freunde, sondern auch der Dschungel ist in Gefahr. ◇ A

Lina ist neu in der Klasse und, wie sich herausstellt, eine echte syrische Detektivin! Wie gut, dass sie mit Nils und Evi in einer Bande ist, denn bei Nils' Großeltern geht es neuerdings nicht mit rechten Dingen zu: Statt leckerem Kuchen gibt es angebrannte Bratkartoffeln, Dinge verschwinden und überall stapelt sich Dosensuppe. Die „Forschungsgruppe Erbsensuppe" untersucht den Fall mit Witz und Verstand. ◇ M

Stinksauer wartet Ada im vollgepackten Umzugswagen auf ihre Eltern, als plötzlich ein Schaf mit Nasenring und Leopardenmuster den Transporter (samt Ada) kapert. Lilli, das Schaf, will Hühner aus der Hühnerfabrik befreien! Völlig verrückt. So beginnt für die beiden ein rasant komisches Abenteuer voller Überraschungen. Aber unter Freunden und echten Banditen hilft man sich, klar? A

1

2

3

4

② Ordne jedem Buch den passenden Klappentext zu. Die Lösungsbuchstaben ergeben den Namen eines Kinderbuchautors.

1	2	3	4	5	6	7	8
P							

5

6

7

8

Es raschelt im Gebüsch.
Milla und Matti sind ganz aufgeregt, als sie entdecken, was sich in ihrem Garten versteckt hat.
Ein … Ähm ja, was ist es eigentlich?
Auf jeden Fall ein Tier! Oder doch ein Fantasiewesen?
Selbst Papa ist sich nicht ganz sicher, und der ist immerhin ein erfahrener Zoologe.
Grompel, so nennen die Kinder das Wesen, sorgt für jede Menge Chaos in der Familie. Denn es frisst für sein Leben gern Schnürsenkel, stellt den Zoo auf den Kopf und kann zu allem Überfluss auch noch sprechen! ◈

R

Omar ist ein wahrer Experte für Ärger, denn das Pech scheint ihn zu verfolgen. Dabei ist er doch nur ein ganz normaler Junge mit vieeeel Fantasie!
Dieses Buch beinhaltet:
- Eine neue Schule
- Eine echt gemeine Nachbarin
- Eine fiese große Schwester und einen nervigen kleinen Bruder
- Einen Drachen und einen Zombie
- Ein Zuckerfest (Juhu!)
- Festgeschenke (JUHUUU!)
- Und ganz viel Ärger … ◈

L

Beim Stöbern auf dem Dachboden seiner Großeltern entdeckt Alex eine verborgene Tür. Nachdem er sie öffnet, ist nichts mehr wie zuvor. Er findet eine Zauberkugel mit einem Kugelgeist darin und der kennt auch noch Alex' verschollenen Großvater! Alex kann sein Glück kaum fassen. Doch das ändert sich schnell, denn mit der Befreiung des Kugelgeists Sahli hat er nicht nur drei Wünsche frei, sondern auch dessen mächtigen Schöpfer Argus gegen sich aufgebracht – den stärksten Dschinn aller Zeiten.

U

Seit Familie Pittel sich einen „Ratz-Fatz-x-weg 23“ angeschafft hat, erkennen Laura und Robert ihre Mutter nicht wieder. Wie besessen saugt sie mit dem Superstaubsauger alles weg, was ihr vor die Nase kommt. Was ist nur mit ihr los? Und wer sind die weißen Herren, die aus ihren weißen Schnappkoffern nicht nur Putzmittel zaubern, sondern auch diese Tropfen im Goldfläschchen? Gemeinsam machen sich die Kinder auf, dem Geheimnis der dubiosen Firma „GRÜNDLICH“ auf die Spur zu kommen. ◈

P

③ Überlegt, welches der Bücher aus ① ihr gern lesen würdet. Begründet.

④ Schreibe einen Klappentext zu deinem Lieblingsbuch.

Heft 4, S. 43 ④
…

Lernportion 7: Bücher kennenlernen

Plenum: sich darüber austauschen, welches der vorgestellten Bücher man gern lesen würde
MK-Tipp: einen Klappentext am Computer gestalten

So bekommst du einen **ersten Eindruck** von einem Buch:

1. Betrachte den **Buchdeckel** (das Cover) mit dem Titelbild.
2. Lies den **Klappentext** auf der Rückseite des Buches.
3. Blättere im Buch und betrachte die **Bilder**.
4. Lies die **ersten Sätze** oder andere Stellen, die dich ansprechen.

(1) Lies und betrachte die Informationen zu dem Kinderbuch.
So bekommst du einen ersten Eindruck.

Buchdeckel

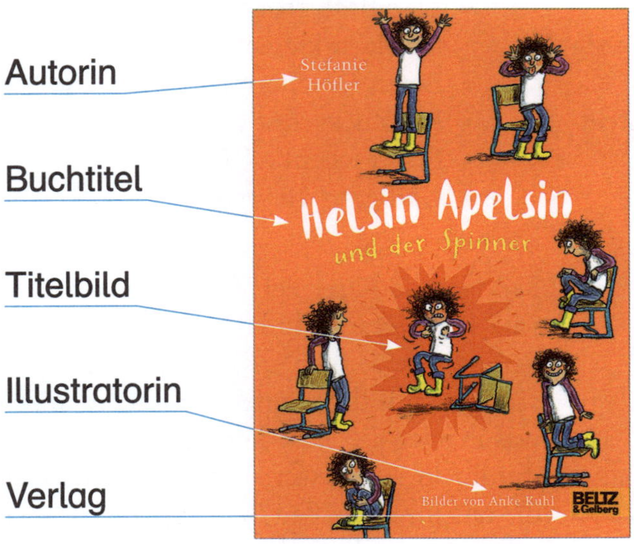

Klappentext

Helsin ist eigentlich immer gut gelaunt. Bis auf die Momente, wo ihr etwas nicht passt. Da bekommt sie einen Spinner und tobt wie ein kleines Rumpelstilzchen. Wie an dem Tag, als Louis neu in die Klasse kommt, dieses „Helsin, Apelsin“ in ihr Ohr murmelt und sie ihm auf die Nase haut. So fängt alles an. Dann hat Helsin die dumme Idee und klaut Louis’ Fidschileguan. Jetzt hat Helsin ein dickes Problem. Wie kommt sie da nur wieder raus? Dass Louis immer netter wird, ist nicht die letzte Überraschung.

1. Kapitel – Wie Helsin und Louis sich auf ziemlich ungewöhnliche Weise kennenlernen

Angefangen hat alles mit einem superblöden Wort: *Apelsin.* Apelsin, Apfelsine, Orange. Niemand aus der Klasse sagte Apfelsine zur Orange. Aber dann kam Louis. Louis war eher klein, dünn wie ein Gartenschlauch und seine halblangen Haare hatten ungefähr dieselbe Farbe wie Zitronenkuchen. „Das ist Louis“, sagte Frau Coroni feierlich, als sie an diesem Montag im April mit dem Neuen ankam.

(2) Besprecht, ob ihr das Buch aus (1) gern lesen würdet. Begründet.

1 Lies den Ausschnitt aus dem Kinderbuch „Helsin Apelsin und der Spinner“.

Mit Helsin ist das nämlich so: Helsin ist ein überdurchschnittlich fröhliches Mädchen. Sagt Papa, und es stimmt. Helsin hat meistens schon beim Aufstehen so gute Laune, dass sie sogar ein Lied singt, während sie ihre Strumpfhose anzieht, obwohl die Strumpfhose nie Lust hat, angezogen zu werden.
Allerdings hat Helsin auch viel mehr Energie als andere Menschen. Diese Extra-Energie ist schuld daran, dass Helsins Adleraugen so genau sehen. Und daran, dass ihre Beine dauernd hüpfen wie ein Flummi. Manchmal allerdings, da kocht die Energie über und spült eine rasende rote Welle in Helsins Körper hoch, und dann sieht und hört und riecht und schmeckt Helsin nichts anderes mehr als FEUERROT. Ihr ganzer Körper kribbelt von den Beinen bis in die Haarspitzen, die Nasenspitze zittert wie eine Autoantenne bei 200 Stundenkilometern, und die rote Kribbelwelle wird immer gewaltiger, bis sie überschwappt: schwupp, raus aus Helsin, und zack! hinein in die Welt. Und das, was dann kommt, das nennen alle nur den „Spinner“. Und genau so war das jetzt auch.

In einer Zwölftelsekunde war Helsin aufgesprungen, als sie dieses „Helsin, Apelsin, Apfelsine“ hörte, und der Stuhl kippte hinter ihr um: kataplom! Ihre Nasenspitze zitterte, ihre Haare standen in alle Richtungen und ihre schwarzen Augen sprühten Funken.
„Washastdugesagt-washastdugesagt“, zischte Helsin und schwang dabei die rechte Faust über ihrem Kopf. In der nächsten Sekunde krachte die Faust runter. „Mist“, murmelte Helsin, und dann: „Ähm. Schuldigung.“
Der kleine Rest der feuerroten Spinner-Welle verschwindet nämlich immer auf mysteriöse Weise im Boden, ungefähr so wie Badewasser durch einen Badewannenstöpsel. Und dann, ja, dann wird es ganz still und friedlich in Helsin. Nur ihr Herz, das galoppiert noch eine Weile weiter. ◇

Stefanie Höfler

2 Tauscht euch aus. Habt ihr solch eine Situation auch schon erlebt?

So stellst du ein Buch vor:

1. Nenne zuerst **Autor** oder **Autorin** und den **Titel.**
2. **Begründe,** warum du dieses Buch ausgewählt hast.
3. **Erkläre,** worum es in dem Buch geht, und stelle die Hauptfiguren vor.
4. **Lies etwas vor:** Das kann der Anfang, eine besonders lustige oder eine besonders spannende Stelle sein.
   Erkläre vorher, warum du diese Stelle ausgesucht hast.
5. **Beantworte Fragen** der anderen Kinder.

① Nummeriere die Sprechblasen der Buchvorstellung in der richtigen Reihenfolge.

___ Ich lese euch eine Stelle vor, in der die Kinder zum ersten Mal ihre neue Sport-AG haben: „Ihr seid hier, weil jeder von euch eine ganz besondere Begabung hat …“ Weiter kam er nicht, denn da drang lautes Schnarchen durch die Turnhalle. Herr Olsson hob entschuldigend die Hände. „Das ist Melusine“, erklärte er und deutete in den Geräteraum. Mitten auf einem Haufen Medizinbälle lag das Zwergschwein und schlief tief und fest. ◇

___ Mein Lieblingsbuch ist „Die Tierwandler – Unser Lehrer ist ein Elch“ von Martina Baumbach. Ich mag es, weil es lustig ist und ich gern selbst an der Bärenfeldschule wäre.

___ Die Handlung meines Buches spielt in der Bärenfeldschule. Die Schule hat einen neuen Lehrer und mit ihm auch die neue AG „Sport für besondere Talente“. Wer mitmachen darf, wählt das Zwergschwein Melusine aus. Alle Teilnehmer sind Tierwandler und verfügen über ganz besondere Talente. Finn und Merle können es kaum erwarten zu erfahren, in welches Tier sie sich verwandeln können und wie es ist, mit Tieren zu sprechen.

___ Wollt ihr noch etwas wissen?

Lernportion 7: Bücher kennenlernen

Plenum: sich gegenseitig Lieblingsbücher vorstellen; sich gegenseitig wertschätzende Rückmeldungen zum Vortrag geben
MK-Tipp: Buch und Hörbuch miteinander vergleichen

Wenn du ein **Lieblingsbuch** vorstellen willst, kannst du alle Infos auf einzelnen **Karteikarten** oder auf einer **Klappkarte** aufschreiben.

1. Betrachte und lies die Klappkarte.

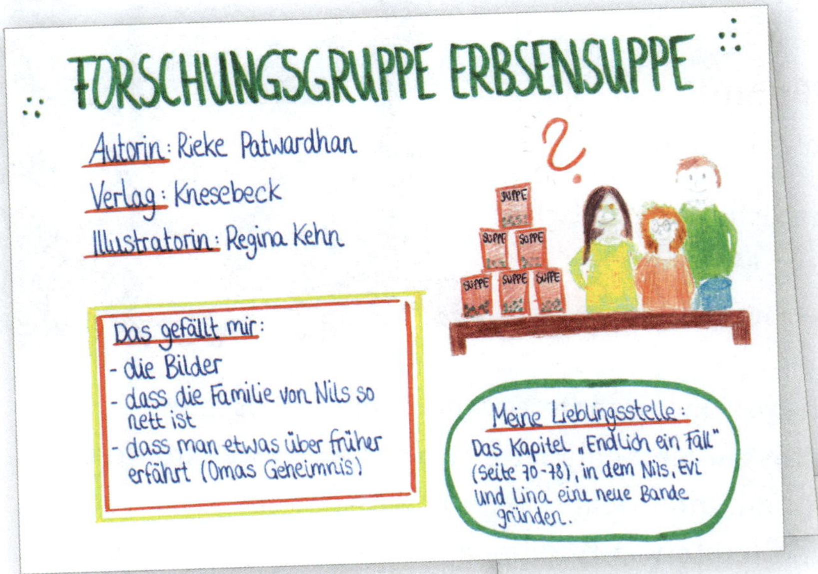

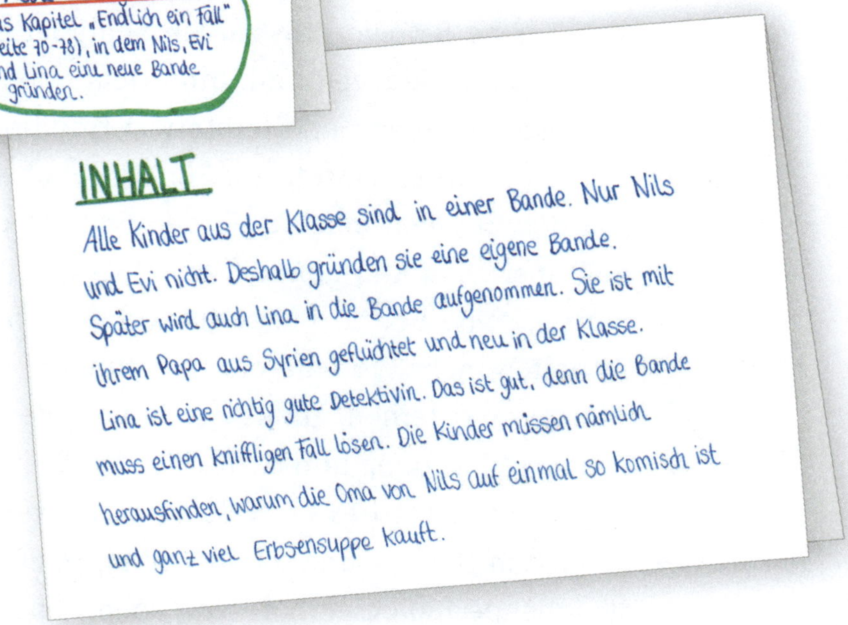

2. Gestalte eine Klappkarte zu deinem Lieblingsbuch. Stelle das Buch dann vor, wie auf Seite 46 beschrieben.

3.

Sachbücher befassen sich mit Geschichte, Technik oder Naturwissenschaften. Sie erklären Vorgänge oder Zusammenhänge und vermitteln Wissen.

(1) Lies die Texte aus einem Sachbuch.

Ameenah Gurib-Fakim

Präsidentin und Wissenschaftlerin

In Mauritius, einem Inselstaat im Indischen Ozean, lebte einmal ein Mädchen, das alles über Pflanzen wissen wollte. Ihr Name war Ameenah. Ameenah studierte Chemie und wandte sich nach ihrem Abschluss dem Thema Biodiversität zu. Sie analysierte Hunderte von Heilkräutern und anderen Pflanzen und untersuchte deren Eigenschaften. Sie reiste aufs Land und lernte von traditionellen Heilern, wie sie Pflanzen in ihren Ritualen einsetzten. Für Ameenah waren Pflanzen wie Freunde. Von den Bäumen mochte sie den Baobab am liebsten, den Affenbrotbaum, weil er so vielfältig genutzt werden kann: In seinem Stamm speichert er Wasser, seine Blätter heilen Infektionen und seine Früchte (das „Affenbrot") enthalten mehr Proteine als Muttermilch. Ameenah fand, man könne von Pflanzen viel lernen, zum Beispiel vom Benjoinstrauch: „Die Blätter dieses Strauchs sind ganz unterschiedlich groß und unterschiedlich geformt. Da Tiere aber nichts fressen, was sie nicht wiedererkennen, lassen sie diesen Strauch in Ruhe. Ganz schön schlau, oder?" Ameenah stellte sich Pflanzen als lebende Biologielabore vor, voller lebenswichtiger Informationen für Menschen, aber auch für jede andere Spezies. „Mit jedem Wald, der abgeholzt wird, verlieren wir ein solches Laboratorium. Eins, das wir niemals zurückgewinnen können."
2015 wurde Ameenah Gurib-Fakim zur Präsidentin ihres Landes gewählt. Tag für Tag setzt sie sich für die Bewohner von Mauritius ein – für die Menschen, die Tiere und die Pflanzen. ◇

Elena Favilli und Francesca Cavallo

Sylvia Earle

Meeresbiologin

Es war einmal eine junge Wissenschaftlerin namens Sylvia, die am liebsten nachts tauchte, wenn das Meer völlig dunkel ist und man den Fischen nicht ansieht, ob sie schlafen oder wach sind. „Nachts sieht man viele Fische, die man tagsüber nicht sehen kann", sagte sie. Sylvia leitete ein Team von Aquanauten. Sie alle lebten wochenlang unter Wasser, tauchten aus verschiedenen Unterwasserfahrzeugen heraus und erforschten das Leben im Meer wie niemand zuvor.

Eines Nachts trug Sylvia einen speziellen weißgrauen Anzug, ähnlich einem Raumanzug von Astronauten. Dazu gehörte ein riesiger Helm mit vier runden Fenstern zum Hinausschauen. Damit tauchte Sylvia fast 400 Meter tief – tiefer als je ein Mensch vor ihr ohne Rettungsleine. Dort unten, wo es dunkler ist als in einer sternlosen Nacht auf der Erde, mit nichts als dem matten Licht einer Unterwasserlampe, stellte Sylvia die Füße auf den Meeresboden. „Ohne das Meer", erklärte Sylvia, „gäbe es kein Leben auf der Erde. Keine Menschen, keine Tiere, keinen Sauerstoff, keine Pflanzen. Wenn wir das Meer nicht kennen, können wir es auch nicht lieben."

Sylvia erforschte verborgene Strömungen, entdeckte Unterwasserpflanzen und schwamm mit Tiefseefischen. „Wir müssen die Meere schützen", sagt sie. „Helft mit, das blaue Herz der Erde zu bewahren." ◈

Elena Favilli und Francesca Cavallo

2 Besprecht, was Ameenah Gurib-Fakim und Sylvia Earle besonders macht.

3 Findet Informationen zu Personen, die etwas Besonderes in ihrem Leben erreicht, erfunden oder entdeckt haben. Nutzt dazu eine Kindersuchmaschine. Schreibt einen eigenen Text zu einer Person.

(1) Gestalte eine Leserolle zu deinem Lieblingsbuch.

Bastelanleitung für eine Leserolle

Du brauchst:

- weiße oder bunte DIN-A4-Blätter
- eine Papprolle
- Kleber
- Stifte
- Dinge, mit denen du deine Rolle dekorieren möchtest

So geht's:

Bearbeite einige der Vorschläge aus der Liste. Für jeden Vorschlag nutzt du ein eigenes Blatt. Klebe alle Blätter aneinander, sodass eine lange Schriftrolle entsteht. Bemale oder beklebe deine Papprolle passend zu deinem Lieblingsbuch. Rolle deine Schriftrolle zusammen und stecke sie in die Papprolle. Fertig ist deine Leserolle!

Vorschläge für die Leserolle:

- Male ein eigenes Titelbild.
- Schreibe einen Buchsteckbrief.
- Schreibe eine Bewertung des Buches.
- Male ein Bild zu deiner Lieblingsstelle.
- Schreibe eine Stelle ab, die dir besonders gut gefallen hat.
- Male deine Lieblingsfigur.
- Schreibe einen Steckbrief zu einer Figur.
- Erkläre, welche Figur im Buch du selbst gern wärst.
- Schreibe einer Figur aus dem Buch einen Brief.
- Zeichne eine Landkarte, auf der du die wichtigsten Orte des Buches einträgst.

D 43

Lernportion 7: Bücher kennenlernen

Plenum: Leserollen präsentieren und im Klassenraum ausstellen
MK-Tipp: Texte und Material für eine Leserolle am Computer gestalten

AH 55

Merkmale von Gedichten kennenlernen

Gedichte sind oft in **Strophen** aufgeteilt.
Die einzelnen Zeilen nennt man **Verse**.

Strophen — **Vers**: Manche Gedichte sind winzig klein,
Vers: können kleiner als Ameisen sein. — **Reim**

Georg Bydlinski

Manchmal **reimen** sich Gedichte.

① Lies die beiden Gedichte.

Was man nicht zählen kann

Die Wassertropfen
und die weißen Flocken.

Blumen, die eine Wiese bedecken,
und nach dem Regen die Schnecken.

In den Bäumen die Spatzen
und in Rom die Katzen.

Sterne, die vom Himmel fallen,
und im Meer die Muscheln und Korallen.

Max Bolliger

Worüber wir staunen

Dass die Welt hinter den Bergen
nicht zu Ende ist,
dass, was dir im Spiegel begegnet,
du selber bist.
Dass die Erde rund ist und sich dreht
und dass der Mond,
auch wenn es regnet, am Himmel steht.
Dass die Sonne,
die jetzt bei uns sinkt,
anderen Kindern
Guten Morgen winkt.

Max Bolliger

② Untersuche die beiden Gedichte aus ①.

a) Wie lauten die Überschriften?

b) Wie heißt der Autor?

c) Wie viele Strophen haben die Gedichte?

d) Wie viele Verse haben sie?

Heft 4, S. 51 ②
a) Die beiden Überschriften lauten:
...

③ Finde alle Reimwortpaare der Gedichte aus ①. Schreibe sie auf.

Heft 4, S. 51 ③
Was man nicht zählen kann
bedecken – Schnecken ✓
...

8 Die Strophen eines Gedichtes ordnen

① Nummeriert die Strophen in der richtigen Reihenfolge. Die Bilder helfen euch dabei. Lest euch das Gedicht dann richtig vor.

Das Samenkorn

____ Die Amsel hat das Nest erbaut;
dort sitzt sie nun und zwitschert laut.

____ Aus Mitleid hat sie es verschont
und wurde dafür reich belohnt.

____ Jetzt ist es schon ein hoher Baum
und trägt ein Nest aus weichem Flaum.

____ Das Korn, das auf der Erde lag,
das wuchs und wuchs von Tag zu Tag.

____ Ein Samenkorn lag auf dem Rücken,
die Amsel wollte es zerpicken.

Joachim Ringelnatz

② Schreibe das Gedicht aus ① richtig auf. Du kannst es auch am Computer schreiben und gestalten.

Heft 4, S. 52 ②
Das Samenkorn
Ein Samenkorn …

③ Male in ① das fehlende Bild in den Rahmen.

(1) Lies das Gedicht mehrmals genau.

Die Schnecke im Winter

Naht der Winter,
geh ich ins Haus,
mache die Türe zu,
Winter, bleib drauß.

Zu ist die Türe.
Komme, wer will:
Ich bin zu sprechen
erst im April.

Josef Guggenmos

(2) Decke das Gedicht aus (1) ab. Folge der Anleitung.

- Lies das Gedicht im blauen Kasten. Ergänze beim Lesen die fehlenden Wörter. Decke den blauen Kasten ab.
- Lies das Gedicht im roten Kasten. Ergänze die fehlenden Wörter. Decke den roten Kasten ab.
- Lies das Gedicht im grünen Kasten. Ergänze die fehlenden Wörter.
- Versuche nun, das Gedicht auswendig zu sprechen.

Die im Winter

Naht der Winter,
geh ich ins ,
mache die zu,
, bleib drauß.

Zu ist die .
, wer will:
Ich bin zu
erst im .

im Winter

Naht der ,
geh ,
mache zu,
, bleib .

Zu ist .
will:
Ich bin
erst .

Winter

Naht ,
,
zu,
, bleib .

Zu .
will:
Ich
.

(1) Lies das Gedicht.

Wolken schauen

Diese Wolke, kommt mir vor,
ist ein riesengroßes Ohr –
es treibt vorbei und horcht und lauscht,
was wohl der Wind beim Wehen rauscht.

Diese Wolke, denk ich mir,
ist ein dunkles Fabeltier,
ein böses Einhorn mit Spinnenwebfrisur –
ich fürcht, es ist wem auf der Spur …

Diese Wolke, zweifelsfrei,
ist ein weißer Papagei.
Sein krummer Schnabel öffnet sich –
und dann gähnt er fürchterlich.

Jetzt hab ich drei Wolken
genau beschrieben.
Schau, dort kommen
die nächsten sieben!

Georg Bydlinski

(2) Stell dir vor, du liegst im Gras und beobachtest die Wolken am Himmel. Beschreibe, wie die Wolken aussehen.

Heft 4, S. 54 (2)
…

(3)

① Lies das Gedicht mehrmals genau.

Die Schnecke im Winter

Naht der Winter,
geh ich ins Haus,
mache die Türe zu,
Winter, bleib drauß.

Zu ist die Türe.
Komme, wer will:
Ich bin zu sprechen
erst im April.

Josef Guggenmos

② Decke das Gedicht aus ① ab. Folge der Anleitung.

- Lies das Gedicht im blauen Kasten. Ergänze beim Lesen die fehlenden Wörter. Decke den blauen Kasten ab.
- Lies das Gedicht im roten Kasten. Ergänze die fehlenden Wörter. Decke den roten Kasten ab.
- Lies das Gedicht im grünen Kasten. Ergänze die fehlenden Wörter.
- Versuche nun, das Gedicht auswendig zu sprechen.

Die im Winter

Naht der Winter,
geh ich ins ,
mache die zu,
, bleib drauß.

Zu ist die .
, wer will:
Ich bin zu
erst im .

im Winter

Naht der ,
geh ,
mache zu,
, bleib .

Zu ist .
will:
Ich bin
erst .

Winter

Naht ,
,
zu,
, bleib .

Zu .
will:
Ich
.

8 Zu einem Gedicht schreiben

① Lies das Gedicht.

Wolken schauen

Diese Wolke, kommt mir vor,
ist ein riesengroßes Ohr –
es treibt vorbei und horcht und lauscht,
was wohl der Wind beim Wehen rauscht.

Diese Wolke, denk ich mir,
ist ein dunkles Fabeltier,
ein böses Einhorn mit Spinnenwebfrisur –
ich fürcht, es ist wem auf der Spur …

Diese Wolke, zweifelsfrei,
ist ein weißer Papagei.
Sein krummer Schnabel öffnet sich –
und dann gähnt er fürchterlich.

Jetzt hab ich drei Wolken
genau beschrieben.
Schau, dort kommen
die nächsten sieben!

Georg Bydlinski

② Stell dir vor, du liegst im Gras und beobachtest die Wolken am Himmel. Beschreibe, wie die Wolken aussehen.

Heft 4, S. 54 ②
…

③

1. Lies das Gedicht leise.

2. Lest das Gedicht aus 1 ausdrucksvoll vor, indem ihr an den Stellen schneller und lauter lest, an denen das Gewitter tobt. Macht sinnvolle Pausen bei //.

3. Suche dir zwei Partnerkinder.
Überlegt:
   - Wie klingt der Donner?
   - Wie klingt der Regen?
   - Mit welchem Geräusch kann der Blitz hörbar gemacht werden?

4. Überlegt, wer welchen Teil des Gedichts spricht.
Übt die passenden Geräusche.
Tragt das Gedicht gemeinsam vor.

Gewitter

Der Himmel ist blau
Der Himmel wird grau //
Wind fegt herbei
Vogelgeschrei //
Wolken fast schwarz
Lauf, weiße Katz! //
Blitz durch die Stille
Donnergebrülle //
Zwei Tropfen im Staub
Dann Prasseln auf Laub //
Regenwand
Verschwommenes Land //
Blitze tollen
Donner rollen
Es plitschert und platscht
Es trommelt und klatscht
Es rauscht und klopft
Es braust und tropft //
Eine Stund lang
Herrlich bang //
Dann Donner schon fern
Kaum noch zu hör'n //
Regen ganz fein
Luft frisch und rein //
Himmel noch grau
Himmel bald blau!

Erwin Moser

Einsterns Schwester 3

Themenheft 4
Lesen – mit Texten und weiteren Medien umgehen

Herausgegeben von: Roland Bauer, Jutta Maurach

Erarbeitet von: Wiebke Gerstenmaier, Sonja Grimm
in Zusammenarbeit mit der Redaktion Grundschule Deutsch 2–4

Redaktion: Martina Schramm, Kristina Fischer, Sabine Gerber, Milena Lemke

Illustration: Yo Rühmer, Frankfurt am Main

Umschlag: Cornelia Gründer, Corngreen GmbH, Leipzig (Gestaltung);
Yo Rühmer, Frankfurt am Main (Illustration)

Layout und technische Umsetzung: lernsatz.de

www.cornelsen.de

1. Auflage, 1. Druck 2023

Alle Drucke dieser Auflage sind inhaltlich unverändert
und können im Unterricht nebeneinander verwendet werden.

Druck: ppm Fulda GmbH & Co. KG, Fulda

ISBN 978-3-06-084870-6 (Themenheft 4, Verbrauchsmaterial)

PEFC
PEFC/04-31-1308

PEFC-zertifiziert
Dieses Produkt stammt aus nachhaltig bewirtschafteten Wäldern, Recycling und kontrollierten Quellen
www.pefc.de